A SA MAJESTÉ

L'EMPEREUR NAPOLÉON III.

BOURGES

SON PASSÉ, SON PRÉSENT, SON AVENIR

PAR

Gustave GRANDIN,

RÉDACTEUR DU JOURNAL DU CHER.

A vaillants cœurs, riens impossible.
(JACQUES-CŒUR).

BOURGES

IMPRIMERIE & LITHOGRAPHIE DE A. JOLLET,
2, RUE DES ARMURIERS, 2.

—

JUILLET 1862.

Au Batavte l'Empereur Napoléon 1I

Voyage près d'un siècle, Bourbon était plongée dans le sommeil léthargique dont rien jusqu'à présent n'avait pu la tirer après. Il a sufi tout de votre Majesté a sufit pour entraîner ses facultés ensoupies par un trop long repos. à une activité plus imposant Lait que le nouveau de mesurer la mémoire des forces que vous lui avez rendues.

Oui, en vous appelant le Sauveur de Bourbon, en parlant sur l'Autel de son passé ténébreux tel, qui fut Gouverneur à portés l'intelligence d'état alliances avec la sagesse politique, nous que celle offre un gage de des entretient, notre île ne peut s'empêcher à l'avance de cela a été juste si pour le pouvoir majeuré dans sa propre abondance.

Non, non, sire, Sire, elle ne vous a prouve. Vous ne devez pas, demandez entre que de fé de sa reconnaissance, il figurera ce…

A Sa Majesté l'Empereur Napoléon III.

Sire,

Depuis plus d'un siècle, Bourges était plongée dans un sommeil léthargique dont rien jusqu'à présent n'avait pu la faire sortir. Un seul mot de Votre Majesté a suffi pour galvaniser ses facultés vitales engourdies par un trop long repos, et elle n'attend plus aujourd'hui que le moment de mettre en activité les forces que vous lui avez rendues.

Sire, en vous exposant la situation de Bourges, en résumant l'histoire de son passé commercial, qui fut si brillant, et en appelant votre bienveillante attention sur les ressources considérables qu'elle offre au point de vue industriel, notre but est de vous intéresser à l'avenir de cette cité jadis si prospère et pauvre aujourd'hui dans sa propre abondance.

Bourges vous aime, Sire, elle va vous le prouver. Vous l'aimerez aussi, non pas seulement parce qu'elle fut la première ville qui vous acclama comme **Empereur**, mais parce que vous l'aurez rappelée à la vie en lui donnant l'espérance ; et de même que le médecin s'attache au malade qu'il a sauvé, vous entourerez Bourges de votre haute et puissante sollicitude. L'antique cité reconnaîtra vos bienfaits en reportant sur votre Dynastie les sentiments d'affection et de fidélité qu'elle a pour son glorieux Souverain.

J'ai l'honneur d'être, avec le plus profond respect,

De Votre Majesté,

Le très-humble et très-fidèle sujet,

Gustave GRANDIN.

Bourges, 10 juillet 1862.

COUP-D'ŒIL GÉNÉRAL

SUR

LA SITUATION DE LA VILLE.

La vieille capitale du Berry traverse en ce moment une de ces périodes de transition qui marque le temps d'arrêt entre la prospérité et la décadence. La crise de régénération est annoncée par d'heureux symptômes, mais pour qu'elle produisît tous les bons résultats qu'elle promet, il faudrait aider aux circonstances exceptionnelles qui l'ont préparée. Nous indiquerons tout à l'heure les moyens qui nous paraissent de nature à hâter la solution; mais avant, et suivant le programme que nous nous sommes tracé, il nous faut examiner la situation actuelle de la ville afin de mieux faire comprendre la nécessité d'agir.

Bourges est le siége de grandes administrations religieuses, civiles et militaires. Sa position topographique est des plus avantageuses pour le commerce, le passé le prouve, aussi les dictionnaires géographiques persistent-ils à la faire passer pour un centre industriel assez important, ce qui est la plus grossière des erreurs, attendu que depuis longtemps les couvents ont remplacé les usines. Enfin, quoiqu'il en soit, la ville compte actuellement 28,000 âmes. Franchement le dirait-on ? Ses revenus sont-ils en rapport avec cette population ? Son commerce est-il celui d'une ville de cette importance ? Ses rues, ses maisons, ses places, tout cela est-il digne d'une grande cité ? Non ! mille fois non !

Dût notre amour-propre en souffrir, nous devons reconnaître qu'au dehors, excepté dans les livres vendus pour donner des renseignements exacts, on nous traite assez sévèrement. Qu'on interroge le touriste, ou le chroniqueur, on verra ce qu'ils pensent de Bourges : dans le souvenir du touriste comme dans le récit du chroniqueur, notre ville occupe une place fort modeste pour ne pas dire plus.

Si des 28,000 habitants que compte Bourges, nous déduisons ceux qui vivent entre eux et pour eux seuls, c'est-à-dire qui dépensent peu et ne produisent absolument rien ; si nous ajoutons ceux qui vivent plus au dehors qu'à l'intérieur, nous enlevons d'un seul coup un quart de la population. Il n'y a donc pas beaucoup plus de 18 à 20,000 individus qui profitent réellement à la ville parce qu'ils consomment et produisent. Si, à défaut de l'industrie ou d'un commerce étendu qui fait la richesse des villes, les grands propriétaires, ceux qui passent les deux tiers de l'année à la campagne, dépensaient pendant leur court séjour dans la cité, ce que les exigences de leur position semblent indiquer, s'ils faisaient profiter le commerce local de la plus grande partie de leurs achats, ce qu'ils pourraient faire avec la même économie en n'usant pas d'un long crédit ou en payant comptant, ce qu'ils font à Paris : en un mot, s'ils comptaient plus effectivement que nominalement au nombre des citoyens, leur présence, de si peu de durée qu'elle fût, serait encore un bienfait pour la ville qui ne pourrait que s'enorgueillir de posséder autant de grandes fortunes.

Malheureusement il n'en est pas ainsi ; les revenus municipaux se ressentent trop de l'absentéisme pour que nous ne le signalions pas comme un fait regrettable, nuisant à la prospérité de la ville. En effet, l'octroi, la principale source de revenu, n'ayant à percevoir que sur des objets de consommation générale, produit beaucoup moins du moment où la consommation est restreinte. Et comment veut-on qu'une ville comme la nôtre qui a tous les besoins d'une grande cité sans avoir les moyens d'y faire face, ne laisse aucun intérêt en souffrance ?

Passons maintenant au commerce qui, le premier, souffre de l'état de choses que nous déplorons. Le commerce local, réduit aux simples proportions d'un commerce de détail, est plus que suffisant aux besoins de la population, il y a plus de marchands qu'il n'en faut, aussi bien peu arrivent à la fortune. Les quelques maisons qui fabriquent ou celles qui ont la spécialité de certains articles sont les seules qui prospèrent. Ce résultat prouve que l'industrie, ici comme ailleurs, récompense les hommes intelligents qui s'y livrent avec une courageuse persévérance. — Les heureux exemples qu'on a sous les yeux doivent faire naître l'émulation, et si un puissant encouragement nous était donné, il y a tout lieu de croire que les idées industrielles se vulgariseraient bientôt dans ce pays.

I.

PASSÉ.

Avant de chercher par quels moyens on pourrait relever l'industrie à Bourges, il n'est pas sans intérêt de jeter un rapide coup d'œil sur le passé; nous puiserons sans doute, dans cette revue rétrospective, d'utiles enseignements. Nous saurons au moins à quelles causes notre ville doit sa décadence commerciale.

Bourges était jadis une république de marchands, presque toutes ses anciennes familles ont dû leur fortune au commerce; presque toutes avaient boutique ouverte, ce qui ne les empêchait pas d'arriver à de grandes charges dans la cité ou dans l'État.

L'incendie de 1484, qui détruisit 7,500 maisons, porta le premier coup au commerce, en obligeant à transférer à Lyon les foires qui se tenaient à Bourges.

Cependant, jusqu'en 1600, la fabrication des draps à Bourges prospéra. Les draps de Berry avaient une telle réputation de supériorité, que partout en France on ne voulait en employer d'autre. Beaucoup de contrats de mariages de personnes de qualité contenaient alors cette clause : « La future sera habillée par ses père et mère en drap de Berry. » Un manteau de drap de Berry, dit Jean Toubeau, était une espèce d'héritage dans une famille.

Mais déjà l'esprit commercial tendait à disparaître. Depuis Louis XI, les fonctions de maire et d'adjoint donnaient la noblesse, de sorte que tout marchand ennobli quittait l'aune et les ciseaux et voulait faire de ses enfants des officiers du roi et des gens d'église; il retirait donc ses capitaux du commerce et les plaçait en acquisitions de fiefs ou de rentes. C'est à cette cause qu'on attribue l'antipathie des habitants de Bourges pour le commerce. Ce qui semble confirmer cette manière de voir, c'est qu'avant le privilége dont nous parlons, le négoce florissait dans cette ville plus qu'ailleurs.

Il faut entendre Chenu et Catherinot signaler les effets de la déplorable vanité des notables :

« Pourquoi si peu de marchands? dit Catherinot dans son style original et brusque. Pourquoi tant de boutiques murées? On en rapporte quatre causes : le grand nombre des ecclésiastiques, des nobles, des officiers et des écoliers.

» A ces quatre causes j'en ajouterai une cinquième : c'est l'inclination pour les rentes constituées; on ne veut ni risquer ni travailler. Notre ville n'est déchue que depuis qu'elle s'est mêlée de rentes et de noblesse. »

Toutes les tentatives, tous les sacrifices que s'imposa la duchesse de Berry pour relever la draperie restèrent impuissants. Châteauroux profita de la décadence de Bourges; en 1665, il y avait dans cette ville 45 fabriques de drap.

Colbert, qui voyait dans l'industrie une des plus grandes sources de la richesse publique, chercha à relever la fabrication des draps à Bourges; il envoya en 1665 deux députés des marchands drapiers de Paris pour examiner les manufactures, et indiquer aux ouvriers les moyens d'améliorer la fabrication.

De 1666 à 1669, beaucoup d'autres mesures furent prises, mais toutes furent impuissantes. L'immense quantité de draps que rendirent nécessaires les longues guerres de Louis XIV, et qu'on achetait en général aux manufactures de Berry, soutint pendant quelques années les fabriques de notre ville, puis ce débouché s'épuisa et cette production, un instant galvanisée, recommence à languir.

Colbert, toujours préoccupé de la restauration du commerce, fit encore faire des expériences sur le chanvre du Berry. Il fut reconnu que, sans goudron, il était plus durable et plus fort que celui que l'on tirait du Danemark pour le cordage des vaisseaux. Ces expériences ne paraissent pas avoir eu de suite. M. de Séraucourt excita vainement les hommes les plus intelligents à exploiter cette richesse locale, en leur montrant la certitude du succès; les capitaux étaient trop rares et on ne voulait pas s'exposer à des chances de ruine, on ne chercha à tirer parti pour la marine des chanvres du Berry que pendant la révolution, en 1792.

Sous le règne de Louis XV on fit encore quelques essais pour ranimer l'industrie.

En 1755, une compagnie d'actionnaires, à la tête de laquelle étaient quatre Anglais, avait offert d'élever à Bourges une manufacture d'étoffes où devaient entrer la laine, le chanvre, la soie et le coton diversement combinés, et qu'on n'avait pas encore fabriquées dans le royaume. Le conseil d'État accepta ses propositions et lui assura de grands avantages; le roi donnait une indemnité de 15,525 livres pour les premiers frais d'établissements. La ville, qui devait fournir tous les bâtiments et terrains nécessaires, fit l'acquisition au faubourg Saint-Sulpice, sur les bords de la rivière d'Yèvre, d'un vaste emplacement où on éleva des constructions considérables. Bientôt la manufacture d'indiennes, c'était son nom, fut mise en activité; elle se soutint jusqu'à la révolution. Elle employait un grand nombre d'ouvriers à Bourges et dans les environs, et versait dans le pays des sommes considérables en acquisitions de matière première et en main-d'œuvre.

En 1785, l'assemblée provinciale s'occupe encore de relever l'industrie à Bourges. Sous ses auspices, une école de charité pour la filature de la laine fut établie près de l'église Saint-Fulgent, sous la direction de Christophe Claveau, négociant et fabricant de Châteauroux. Elle était destinée à recevoir 50 jeunes filles. Les progrès furent rapides, et bientôt, pour en accroître l'importance et seconder les vues de l'administration, le directeur se chargea de faire fabriquer les produits et d'y envoyer des tisserands habiles; on fit construire deux métiers dans une maison de la rue d'Auron, et on s'efforça de donner une grande solennité à leur installation. Les pièces une fois terminées étaient envoyées à Châteauroux pour les y faire fouler, car tout ce qui se rattachait à l'industrie des draps avait péri à Bourges.

La lutte, comme on le voit, a été longue, elle devait rester stérile. L'esprit d'antagonisme qui existait alors, et qui ne s'est pas sensiblement modifié depuis, exerçait une telle pression sur l'opinion, que ceux qui avaient le plus grand intérêt à soutenir ou à relever l'industrie n'osaient rien entreprendre pour atteindre ce but; une fois sur cette pente, ils en arrivèrent bientôt à ne plus avoir même la volonté d'agir.

II.

PRÉSENT.

Pendant que le progrès transformait en grandes villes de modestes localités, nous restions spectateurs indifférents du mouvement qui s'accomplissait autour de nous. Qu'est-il arrivé? Notre population a décru, les boutiques et les grands établissements se sont fermés, et à leur place on a bâti des hôtels et des couvents; le peu d'industrie qui restait a disparu, le commerce local s'est tellement amoindri que ses opérations ne s'étendent pas au delà des limites de l'octroi.

Ce ne sont cependant pas les ressources qui manquent. Le pays est essentiellement producteur, ce qui ne nous empêche pas d'être tributaires de toutes les contrées de la France. Nos produits vont partout, et ils nous reviennent préparés pour la consommation ; il résulte de ce déplorable état de choses que nous payons tout fort cher, tandis que si l'on fabriquait sur le lieu même de la production, on éviterait d'abord des frais énormes de transport, et ensuite on économiserait les bénéfices qui restent entre les mains des nombreux intermédiaires par lesquels passent nos produits.

Il est vraiment extraordinaire que dans un pays, situé au centre de la France, placé par conséquent très-avantageusement pour les expéditions, les arrivages et les transactions, favorisé de voies de communications rapides et économiques, traversé par des cours d'eau dont on pourrait utiliser la force motrice, il est extraordinaire, disons-nous, que l'industrie ne profite pas des avantages de cette heureuse situation, si heureuse qu'en 1765 le Conseil d'Etat adopta, sur la proposition de M. Dupré de Saint-Maur, un projet ayant pour but de faire de Bourges un entrepôt pour le commerce du royaume.

Déjà, en 1484, les Etats assemblés à Tours, avaient donné à Bourges la préférence sur Lyon pour l'établissement d'un grand centre commercial.

En effet, Bourges est le chef-lieu d'un département qui produit, en grande abondance et en bonne qualité, les matières premières les plus utilisées en industrie : la laine, le chanvre, le fer et le bois. Où trouver un centre qui réponde mieux aux besoins et aux exigences de la fabrication? Où l'industrie peut-elle trouver des conditions plus favorables d'existence. Il n'y aurait donc qu'à vouloir pour faire de notre contrée une contrée riche et industrielle ; car nous avons sous la main des éléments certains de prospérité. Le tout est de savoir ou plutôt de vouloir en profiter.

Voyons donc quelles sont les industries qui auraient quelque chance de prospérer, rien qu'en utilisant les productions du département. Quelles ressources ces produits offrent-ils à l'industrie ?

Commençons par le minerai, bien que nous n'ayons absolument rien à dire de la manière dont il est exploité, seulement les chiffres que nous allons citer serviront à prouver que lorsque nous disons que l'industrie est un bienfait pour une contrée, nous n'exagérons rien.

La note qui suit, et que nous empruntons au compte-rendu des travaux de la *Société du Berry*, est extraite d'un rapport adressé à S. Exc. le Ministre de l'agriculture, du commerce et des travaux publics :

« En trente ans, l'industrie du fer, dans le département du Cher a quintuplé de valeur et a ajouté à la prospérité du pays. Elle a doublé le prix des bois et des minerais et réduit de 30 p. o/o le prix de vente de ses produits, qui sont restés d'une qualité exceptionnelle. Le développement de cette industrie a peuplé le pays d'ouvriers intelligents et dont l'existence est assurée par un travail rémunérateur. On compte aujourd'hui, dans ce département, 25 hauts fourneaux, dont 22 en activité et dont 16 marchent exclusivement au charbon de bois. L'industrie du fer extrait du sein de son sol, environ 250.000 mètres cubes de minerai, qui, à raison de 18 francs le mètre cube, comme prix de revient aux usines, représentent une valeur créée de 4,500,000 francs.

» Cette valeur se divise en un million de francs environ, payé aux propriétaires du sol, pour droit d'extraction et 3,500,000 francs soldés en main-d'œuvre et transports.

Le Cher possède 125,000 hectares de bois appartenant, pour 13,530 hectares à l'Etat et le reste aux communes, à des établissements publics et aux particuliers. C'est presque le sixième de la surface du sol.

» Les forges consomment environ 420,000 stères de bois à charbon provenant de cette masse de forêts, et paient aux propriétaires du sol une redevance annuelle de 1,200,000 fr. pour la valeur de ces bois et de 8 à 900,000 fr. aux ouvriers bûcherons, charbonniers, voituriers, etc.

» L'industrie métallurgique verse donc, soit aux propriétaires fonciers, soit aux ouvriers des campagnes, une somme annuelle de 6 à 7 millions de francs qui vient en aide aux produits si restreints du travail agricole, et qui, s'immobilisant dans le sol, a coopéré puissamment aux progrès réalisés depuis vingt ans dans la contrée. »

Il n'y a rien à ajouter à cette éloquente conclusion. Les précieux avantages de cette nouvelle industrie, sont trop évidents pour qu'il soit nécessaire de les faire ressortir. Passons maintenant à la production de la laine.

Le département du Cher produit annuellement un million

de kilogrammes de laine environ, et il n'existe pas une seule manufacture pour tirer parti de ces matières premières si recherchées au dehors. En vérité c'est à peine croyable. En 1700, bien qu'il existât encore quelques grands établissements dans le département, M. de Séraucourt, dans son mémoire sur la généralité de Bourges, déplorait déjà qu'on ne pût pas employer toute la laine que le Berry produisait. Voici ce qu'il disait à ce sujet :

« Outre les laines qui sont employées dans les manufactures, il s'en transporte une très-grande quantité dans les provinces voisines. Il serait avantageux pour le Berry de faire cesser ce commerce en y employant toutes les laines qui y croissent. Mais soit que les étrangers les achètent à plus haut prix ou qu'il n'y ait pas en ce moment assez d'ouvriers pour les employer, on ne peut arriver à ce résultat. »

A la même époque Jean Toubeau, échevin de la ville, s'exprimait ainsi :

« Les moutons en Berry sont non seulement de véritables minières d'or, mais ils sont eux-mêmes les ouvriers qui tirent tous les jours l'or et l'argent de nos terres, et nous serviraient même d'aimant pour attirer celui de nos voisins si nous avions du commerce.

» Mais faute de commerce, nous sommes obligés de laisser profiter les autres des avantages que Dieu nous a donnés.

— Nous sommes pauvres dans notre propre abondance. Manque de commerce, de débit et de gain, les peuples se rebuttent du travail et cela les afféneantit.

» La nécessité d'argent où nous sommes, accablés du présent et du passé, nous ne pouvons profiter de l'avenir; car étant obligés de courir au comptant, nous vendons et nous laissons emporter nos plus fines laines par les étrangers qui nous les rapportent ensuite manufacturées, et qui nous les vendent dix fois plus qu'elles ne leur ont coûté; ce qui doit surprendre davantage, c'est que ce soit notre propre marchandise. »

Ce qui se disait au siècle dernier est toujours vrai : nous sommes pauvres dans notre propre abondance.

Si le désir d'employer la laine doit porter à reconstituer les fabriques de draps et de bonneteries, car la bonneterie était autrefois très-importante à Bourges, celui de tirer parti du chanvre n'est pas un motif moindre d'encourager les manufactures de toiles.

Il se fait encore un commerce de chanvre fort considérable. Le chanvre croît, dans le Berry, de très-bonne qualité et en grande abondance. Il est étonnant que personne jusqu'à présent n'ait entrepris de faire façonner des toiles dans un pays si bien favorisé !

M. de Séraucourt traitant cette question, disait dans un de ses rapports :

« J'ai excité à cette fabrication les marchands qui m'ont paru les plus capables d'entreprises utiles en les convainquant d'un profit certain, sans pouvoir les persuader, bien qu'ils conviennent que les chanvres de Berry ne sont recherchés avec autant d'avidité que parce que ceux qui les emploient y font un profit considérable qu'il serait très-aisé de faire dans ce pays, mais les avances qu'il faudrait faire et les soins qu'il faudrait donner pour mettre une telle entreprise en mouvement, leur fait tant de peur, que je n'ai pu décider personne. » Un peu plus loin il ajoute, tant il était convaincu de la réussite de cette entreprise :

« S'il se trouvait quelqu'homme d'assez bon esprit pour conduire cette entreprise, je proposerais de lui faire prêter, sur les deniers du roi, quelques sommes sans intérêts pour deux ou trois ans. Cet établissement serait très-utile à cette province et propre à engager les habitants du pays dans les entreprises du commerce. »

On cultive peu le lin dans notre département et c'est à tort, car ce produit trouve un facile débouché dans l'industrie. A Bourges même nous pouvons assurer le placement annuel de 100,000 kilog. Les manufactures des départements du Nord qui travaillent les matières textiles font la fortune de cette contrée.

On prétend que la nature du sol est peu favorable à la production du lin, mais les résultats prouvent que cette assertion n'est pas précisément fondée. Le lin vient assez bien et ce que l'on en récolte dans le département n'est pas de mauvaise qualité, au contraire ; tout porte donc à croire que si l'on donnait à cette culture le soin qu'elle réclame, et si on encourageait son développement dans nos campagnes, elle serait, non seulement une source de revenus pour le cultivateur, mais encore elle fournirait les éléments d'une nouvelle industrie : la filature de lin et la fabrication d'huile.

Tout récemment un membre distingué de la société d'acclimatation, M. Guérin Méneville, annonçait au monde scientifique et industriel une précieuse découverte qui sera bientôt d'une très-grande ressource pour l'agriculture. Nous voulons parler de l'introduction en France d'un ver à soie rustique, qui vit en plein air et presque sans soin sur les feuilles de l'ailante (vernis du Japon).

Les expériences tentées jusqu'à présent pour l'acclimatation de ce ver ont parfaitement réussi. Nous devons d'abord indiquer comme un important et premier pas pour l'avenir de cette découverte la concession faite par l'Empereur à M. Guérin Méneville, d'un terrain de plusieurs hectares situé sur la ferme impériale de Vincennes, à Joinville-le-Pont.

Toujours à la tête du progrès, toujours préoccupé du bien-être des classes inférieures, l'Empereur a vu dans une industrie qui doit enrichir les provinces pauvres et incultes de la France un bienfait pour l'agriculture, et, dans un produit qui doit fournir à des bas prix des vêtements solides, chauds et agréables, un bien-être pour le peuple tout entier.

C'est pour mieux encourager les propriétaires à entreprendre cette culture et pour rendre le public plus facilement juge des résultats que l'on en peut obtenir que Sa Majesté a voulu mettre M. Guérin Méneville à même de faire, sur un domaine impérial, à la porte de Paris, des plantations d'ailantes, des éducations de son ver à soie, et de venir ainsi en aide, par une expérience pratique, aux personnes qui voudront se livrer à cette industrie nouvelle.

En appelant l'attention des hommes dévoués à l'intérêt du pays sur la découverte de M. Guérin Méneville, nous espérons que, pénétrés des bienfaits que nos habitants des campagnes trouveront dans cette culture, ils l'encourageront de tous leurs efforts. Nous faisons des vœux pour que la Société d'agriculture et MM. les Présidents des Comices prennent sous leur patronage cette précieuse industrie, qui nous paraît appelée à un très-grand avenir, et qui peut avoir pour conséquence la fabrication de la soie dans notre contrée.

III.

AVENIR.

Les besoins de la ville se divisent en deux ordres bien distincts : les besoins physiques et les besoins moraux. — Bourges n'a ni industrie, ni commerce, et ce qui est le plus fâcheux, l'esprit dominant est hostile à toute idée de progrès. En résumé, pas de mouvement; voilà pour le côté moral. Au point de vue physique, notre ville manque de grandes artères, de places, de perspective pour ses monuments; elle n'a que des rues étroites, sans alignement, des maisons anciennes, de chétive apparence et d'une distribution incommode, de grands murs qui inspirent la tristesse. Telle est aujourd'hui la physionomie de la vieille capitale du Berry, jadis si prospère!

Puisque nous cherchons un remède à l'état de choses que nous déplorons, il faut parler avec franchise et ne pas faire comme le médecin qui, dans la crainte d'affliger son malade, lui cache sa véritable situation.

La racine du mal que nous combattons est dans l'antipathie qu'éprouve la population de cette contrée pour ce qui est nouveau. Toute idée nouvelle est accueillie avec froideur; loin d'en encourager le développement et d'en faciliter l'application, on la délaisse ou on la combat. L'esprit d'initiative manque, et ce qu'il y a de plus malheureux, c'est qu'on se refuse à le reconnaître aux autres. Cette opposition systématique fait que nous sommes restés en arrière sous tous les rapports.

Il n'y a dans le caractère berrichon ni l'enthousiasme qui inspire les grandes choses, ni l'énergie qui les fait entreprendre, ni l'activité qui les fait réussir. Le jugement est bon, mais l'esprit est soupçonneux et le cœur indifférent; et c'est précisément ces deux défauts qui rendent impossible toute innovation.

Cependant il suffit de jeter un coup d'œil sur la situation actuelle pour se convaincre qu'elle ne peut se prolonger plus longtemps sans danger pour nos plus sérieux intérêts. Encore quelques années de cette apathie, et nous assisterons pour notre compte à ce triste spectacle de voir de simples bourgades envahir les grandes cités. L'exemple de Saint-Etienne, Saint-Nazaire, Mulhouse, le Havre, etc., est là qui doit éveiller nos craintes. N'avons-nous pas autour de nous des villes, des sous-préfectures, voire même des chefs-lieux de canton qui menacent nos intérêts commerciaux en diminuant notre importance de grande ville ?

Sans parler de Nevers, où l'esprit industriel est très-développé, ne voyons-nous pas plus près de nous Saint-Amand, Vierzon, qui déploient une activité incessante pour élargir le cercle de leurs relations d'affaires ? Que Vierzon devienne un jour le siége d'une sous-préfecture et le chef-lieu n'aura qu'à bien se tenir s'il veut conserver la supériorité numérique de sa population !

« Mais les Établissements militaires, objectera-t-on, ne les comptez-vous donc pour rien ? » Loin de là, nous en faisons grand cas, au contraire ; mais il ne faut pas non plus en exagérer les avantages. Les établissements d'artillerie feront de Bourges une ville militaire de premier ordre; c'est beaucoup sans doute, mais est-ce le comble de la félicité ? Au lieu de fonder toutes ses espérances d'avenir sur un seul point, ne serait-il pas plus sage de profiter de l'heureux concours de circonstances qui va jeter plusieurs millions dans notre ville pour faire appel à l'industrie et l'encourager autant qu'il sera en notre pouvoir. Notre ville est assez spacieuse et assez bien située pour qu'il y ait place pour deux grands intérêts : le quartier militaire qui va se créer ne saurait nuire en rien aux faubourgs d'Auron et de Saint-Sulpice, où le mouvement industriel tend à se développer.

Oui, nous voudrions que notre cité devînt à la fois une ville militaire et une ville industrielle. Car il est absolument nécessaire pour que sa prospérité ne soit pas mise en question, que deux grands intérêts soient en présence afin que les influences se balancent. Nous savons trop ce qu'il en coûte lorsque le contraire existe.

En résumé, nous voyons Bourges dans l'avenir divisé en trois centres aussi distincts par leurs intérêts que par leur situation : le centre militaire au Château ; le centre industriel à Auron ou à Saint-Sulpice, et le centre commercial et administratif, qui restera longtemps encore ce qu'il est aujourd'hui ; car, à moins de créer deux ou trois grandes rues bien larges et surtout bien alignées, il n'est guère possible qu'il puisse se développer.

Il ne nous reste plus maintenant qu'à indiquer les moyens qui, suivant nous, seraient de nature à appeler l'industrie dans notre ville. Songeons tout d'abord au commerce existant.

Il est bien certain que le commerce souffre de l'absentéisme que nous déplorons plus haut, et qui se fait déjà sentir. Une personne en position d'être bien informée à cet égard nous disait, à propos du peu d'affaires qui se fait à Bourges en été : « Les boulangers même ne vivent que parce qu'ils travaillent pour eux. » Évidemment, par cette plaisanterie, notre interlocuteur exagérait la situation ; mais, telle qu'elle est, elle est déjà trop triste.

Il faudrait au commerce un établissement de crédit qui pût l'aider à passer la mauvaise saison, car l'absence de capitaux est encore une des causes de malaise ; il faudrait en outre que l'extension des limites de l'octroi eût lieu promptement, car les transactions sont souvent entravées par l'état de choses actuel.

Nous arrivons enfin à l'industrie et voici ce que nous proposons pour en faciliter l'introduction. Nous n'avons pas la prétention de donner ce moyen comme infaillible; mais enfin on peut le tenter, il ne coûte absolument rien que du bon vouloir et de ce côté, du moins, on est certain de réussir.

Supposons que l'administration municipale fasse appel aux hommes dont elle connaît l'intelligence et le dévouement, et qu'à l'aide de ce concours, elle provoque une enquête sur les besoins du commerce. Les principaux représentants des diverses branches seraient invités à fournir, chacun sur sa spécialité, les renseignements sur ce qu'il y aurait à faire pour aider au développement de son industrie. De cette manière on serait fixé sur les besoins du commerce local, et de plus on connaîtrait le moyen d'y satisfaire. D'après ces documents, on ferait un rapport sur la situation, en commençant par indiquer les industries qui pourraient trouver leur alimentation dans les produits du département; le minerai, la laine, le chanvre, le vin, le bois, etc.; puis, enfin, on ferait connaître les avantages accordés par la ville aux industries nouvelles. Ce rapport serait ensuite adressé à toutes les chambres de commerce, avec prière de l'examiner, et d'y donner une certaine publicité. A notre avis, une enquête de cette nature, bien dirigée et faite consciencieusement, devrait donner de bons résultats. Dans tous les cas, nous le répétons, on ne risquerait pas grand chose à tenter l'épreuve, et on peut gagner énormément à la faire.

Il y a trop longtemps que nous nageons dans un courant d'idées qui n'a que des reflux, pour que nous ne fassions pas tous nos efforts pour en sortir. Creusons donc un lit plus profond pour donner au courant nouveau la rapidité qu'il lui faut pour rattraper le temps perdu. C'est un combat sans trêve et sans merci que le présent doit livrer au passé, car le passage de l'état léthargique à la vie d'activité et de labeur ne s'effectuera pas sans secousse; mais à tout prix il faut vaincre la routine et triompher des idées arriérées.

CONCLUSION.

Depuis quatre années que j'ai l'honneur de m'occuper des intérêts de la ville de Bourges, j'ai souvent dit la même chose, mais sans beaucoup de succès. Ceux qui pourraient aider au triomphe des idées que je défends ne veulent pas comprendre, et ceux qui comprennent ne peuvent malheureusement rien; mais je suis trop convaincu pour jamais me laisser décourager.

Oui, je crois qu'on peut faire de Bourges une ville à la fois industrielle et militaire, car je ne partage pas cette idée qu'une ville militaire ne peut pas être commerçante. Est-ce que les villes du Nord, qui sont des places fortes, ne sont pas industrielles ? Cela se comprend parfaitement : en se plaçant sous la protection des armes, l'industrie n'assure-t-elle pas sa tranquillité dans les mauvais jours ?

Sire,

Vous avez déjà tant fait pour notre ville, qu'il devient presque indiscret de demander quelque chose encore; je n'hésite pas cependant à solliciter votre puissant appui pour hâter l'époque de rénovation que nous attendons.

Que Votre Majesté veuille bien aider au rétablissement de l'industrie à Bourges, soit en ordonnant l'enquête dont il est question plus haut, soit de toute autre manière, et Elle nous aura donné la plus grande preuve d'intérêt que jamais Souverain ait accordé à une province.

Gustave GRANDIN.

www.ingramcontent.com/pod-product-compliance
Lightning Source LLC
Chambersburg PA
CBHW070529050426
42451CB00013B/2923